Djikoloum Bienvenu

Les satires en délire

Djikoloum Bienvenu

Les satires en délire

Éditions Muse

Cover image: www.ingimage.com

Publisher:
Éditions Muse
is a trademark of
Dodo Books Indian Ocean Ltd. and OmniScriptum S.R.L publishing group

120 High Road, East Finchley, London, N2 9ED, United Kingdom
Str. Armeneasca 28/1, office 1, Chisinau MD-2012, Republic of Moldova, Europe
Printed at: see last page
ISBN: 978-620-4-96573-4

DJIKOLOUM BIENVENU

LES SATIRES EN DÉLIRE

DÉDICACE

À, tous ceux qui ont la force de se moquer de la vie ;

À toi, DJEGUEDEM Trésor, un oiseau libre dans la forêt touffue ;

À toi, DJELASSEM Ghislain, un lièvre habile devant les lions de la savane ;

Je dédie ces délires

PRÉFACE

<< On n'est pas écrivain pour avoir choisi de dire certaines choses mais pour avoir choisi de les dire d'une certaine façon >> Cette maxime du célébrissime J-P Sartre cadre bien avec l'esthétique qui revêt ce bouquin bien rédigé par le jeune talentuosissime Bienvenu DJIKOLOUM.

Ledit bouquin estampillé *Les satires en délire* témoigne de la maturité littéraire quasiment indiscutable et de la muse, oh combien fertile qui alimentent le psy de son auteur.

Belle joie donc de lire sa plume, digne de l'art de l'élévation de l'esprit et du statut d'homme de Lettres qui le caractérise.

Par le présent bouquin, Djikoloum nous délivre-t-il du concept de *satirologie*?

De ma lecture à l'analyse herméneutique de son chef-d'œuvre, je peux confirmer dans un prime abord que la satirologie (cette possibilité de montrer à travers des textes la souveraineté d'un récit essentiellement dialogique qui intègre en possédant tous les discours et déploient des stratégies de dénonciation, de nivellissement) aurait été la question.

En effet, B. Djikoloum procède à la satirologie en exploitant non seulement les rapports entre la satire et certaines stratégies discursives et modes souvent récupérés par la satire comme l'ironie, l'humour, le burlesque, le ridicule voire la parodie.

Ensuite quand l'auteur m'eut dit après ma lecture de l'œuvre : << [...] c'est un mélange de fables et poèmes mais toujours avec une même finalité qui est d'ironiser par les satires...>> j'ai très tôt déduis que les inepties visées dans sa muse sont pour la plupart considérées comme existentielles dans le sens où elles sont presque toujours morales, animales ou sociales. Cela ne peut en être autrement car ces quelques titres de sa muse : confidence entre perroquets, les voleurs de la République, la folie des mots, dignité politique, puis j'en passe, illustrent fort bien ce constat. Et puisque l'écriture permet à l'écrivain d'entrer dans le jeu de sa créativité, l'uniformité de l'œuvre permet de voiler les vices et l'identité de sa cible sous la redondance allégorique ou métaphysique.

À toi, docile âme lectrice, je t'encourage pleinement à bouquiner cette verve de satires à portée didactique. Lis-la ! Hâte-toi de le faire, si tu veux aussi écrire car << la lecture est l'apothéose de l'écriture>> dixit Alberto Manguel.

Vivement que ce livre fasse le succès de nombreuses parutions à venir.

Agréable lecture !

Arthur OGOU

Professeur de français

Écrivain et poète béninois

Qui pour chercher à savoir ?

De quoi grésille fort

La cigale sur le bois sec

Toujours crie de cosse?

Confidence entre perroquets

- Un perroquet dit à son ami perroquet :

Ami, entre nous perroquets de confiance
J'aimerais te faire cette petite confidence.
Comme moi, Je sais que tu n'es pas assez discret
Mais je te confie tout de même ce petit secret

J'aimerais bien garder ce secret pour moi seul
Mais tu connais ma putaine de gueule
Elle se démange si elle reste calme
Soulage-moi en écoutant son vacarme.

C'est un secret de grande envergure
Qui implique plusieurs grandes figures
Ne le raconte pas partout
De grâce, que cela reste entre nous

Un ami à moi me l'a confié
Ne le trahisons pas, maintenons nos becs sous scellées
Je lui en ai promis mon silence
Pourrais-je avoir le tien, ami de confiance ?

- Son ami perroquet le répondit

Évidemment que oui mon bon ami

Ma langue est muette comme le tombeau

Certes, elle est de fois insensée dans ses cris

Mais je ne rapporterais pas ce secret au corbeau

Moi également un ami m'a confié quelque chose

Ma gueule se démange, prends ta dose

Si je reste calme pour longtemps, ma gorge va s'exploser

Soulage-moi en écoutant ce secret

Sacrés perroquets dans leurs confidences

Tonton

Mon tonton est d'une corpulence incroyablement remarquable

Il a une grosse tête, grosses joues, un gros cou, un gros ventre,

Il est une grande personnalité, il a de la grandeur

Il est un grand monsieur, il a de la considération

Il ne craint rien, rien ne l'affecte du tout

Il a la tête sur les épaules, il est fort

Tu peux tout dire contre lui

Le critiquer, le dénoncer

Dans les médias, partout

Il ne va pas réagir

Mais attention

Si tu touches

À son ventre

Le tonton

Va crier

Comme

Un enfant

Pas ça !

Les voleurs de la République

Connus de tous mais intouchables

Les termites de la République rôdent en liberté

Ils mangent, boivent, rient en tant que notables

Ils poussent de ventre, ils ont de cous plissés

Depuis quand la chèvre est gardienne du son

À qui la faute ? Tant pis à la pauvre population

Tant que le paradis de la Suisse ouvrira ses portes au péché

Dans la misère infernale, les saints continueront d'être engouffrés

Qu'est-ce que la justice pour se prononcer ?

Sinon quelques appels à la barre suffisent pour berner

Quand le fric se montre capable de deviser,

La balance, par le poids des billets apparaît déséquilibrée

Aux grésillements des fréquences

Entonnons des cantiques et danses

En honneur de ces pilleurs

Oh voleur ! Oh voleur ! Oh voleur !

Slap, un style à la mode ?

Les choses évoluent avec le temps
Comme les moyens de revendications ont changé maintenant
L'on ne se torture pas pour se faire entendre par un leader politique
Il n'a non plus besoin d'une audience pour étaler son cœur colérique

Un slap est un moyen à la mode
Sont vite écoutés, ceux qui utilisent ce code.

La paume des mains fait plus d'écho que les manifestations
Un slap attire vite l'attention que les discussions

Emporté par la tendance rénovée
Certaines mains n'ont pas peur de toucher
Les douces joues des autorités
Et les perroquets en font la une à la télé

Qui sait si pour réveiller ceux qui maintiennent le cap
À côté des manifestations et dialogues, il ne faudrait pas le slap ?
Attention aux nobles joues
Les tonnerres de slap sont déjà là pour le joujou

Secret du respect

Au gué des attentes

Chair ventripotente

Le respect

Est le Reflet

Des ondes émises dans la vie

Qui réfléchit ce qu'on le confie

La folie des mots

(À ma camarade Ngaateun Pankam Lucresse-Melissa)

Mots, les beaux

La folie de vos écrits

Ruisselle de zèle

Sur le lit de votre île.

À pas de danse, dans la panse

Le lot de vos mots

Comme de l'eau sur cet îlot

Évapore par les pores

Des vocabulaires extraordinaires

Combien est le plein

Pléthore de vos trésors

Des paronymes, homonymes

Allégoriques, comiques

Chantant la folie pleine de vie

Des hymnes des rimes ?

Dans la folie, dans les dits

Contons, racontons l'imaginaire !

Oh la go

Prête moi ce mois

Le lait non laid

Sain de ton sein

Le bébé de bébé

Têté va taîter

L'heure n'est plus au leurre

La grammaire a trompé grand-mère.

Comment te relater ce no comments ?

Soit posé osée !

Cette histoire me fait marrer autant que toi

Comme une souris qui sourit

Et rit devant sa table de riz loin du chat

J'aimerais bien te raconter la vide poésie de cette folie

Avant tout, sois prêt à offrir du prêt

À ton conteur de contes qui est à ton compte

Et déjà il compte combien sera le chiffre de compte dans son compte à banque.

Dans la mer de sa mère

Hier, pierre, Choyé s'est noyé

D'amour au niveau débordé

De pair, l'oncle et le père

L'ont pourtant prédit

Aimer l'enfant à ne pas le gâter

La folie des mots me conduit haut

Sur le flanc des montagnes, dans la brousse

À la recherche des brindilles et fagots

Mais un oiseau me chante, attention aux ragots

Leurre de l'aigle à la poule

Par mes ailes, je les couvrirai
Je les amènerai au-delà des nuages
À une très haute altitude, je les transporterai
Je les apprendrai à planer comme moi.

Par mon bec, je les instruirai
Je les apprendrai à picorer la noix dure
Par les pinces de mes pattes, je les formerai
Je les apprendrai à se défendre contre les pintades

Ils seront mes élèves, je serai leur maître
Rien de mal ne les arriverait, je te le garantie
Fais-moi confiance, confie-moi tes poussins
Je prendrai soin d'eux disait l'aigle à la poule

Mission d'observateur

(À mon cousin Emmanuel Ngaradoumbaye)

Sous le ciel de la bouche ouverte
Les yeux s'écarquillent de miracle
La main serre les lèvres d'étonnement
Les tympans ne savants quoi écouté
Sont estomaqués de ce qui les tombe dedans

Avant qu'une goutte de pluie ne mouille le sol aride
L'expert agriculteur sait déjà quelle récolte avoir cette année
Les aléas ne feront que le bruit de casseroles
Le sac disposé sera rempli nonobstant les intempéries.

Pendant le bêchage, l'expert se présente pour l'observation
Il vient au nom des experts du monde entier
C'est lui qui donne crédibilité aux travaux champêtres
Il est là pour démasquer toute fraude des semences

Lorsque les alertes de fraude sont signalées
Il bouche ses oreilles pour ne pas les entendre
Ses yeux se ferment sur les manigances
Sa bouche demeure muette
Il se dit être là pour l'observation et non pour la condamnation
Ce qui l'importe est qu'à la fin son sac réservé soit rempli

Miracle sur miracle, son sac vide se remplit évidemment
Pour se féliciter, sa gorge fait raisonner ces quelques poésies :
Le champ était labouré dans le respect des normes agricoles
Et les récoltes ont été bonnes malgré un contexte difficile.
Je félicite les temporaires courageux
Qui ont labouré dans la sérénité pour avoir un tel résultat.
Que les papiers agraires du terrain soient respectés.
Ainsi, l'expert international conclu
Sa mission en qualité d'observateur.

Réponse aux harponneurs !

Le vieux Gori fatigué n'aime pas être dérangé,

Dérangeur,

Son être épuisé veut se reposer des emmerdements,

Emmerdeur,

Qu'y a-t-il d'importuner de sitôt le vieux,

Curieux,

Par milles et une question avec des caméras et mégaphones,

Harponneur,

Voulez-vous savoir où sont les opposants portés disparus,

Inaperçus ?

Comme le refrain : attendez le résultat des enquêtes,

Enquêteurs

Camera d’humiliation

Promesse de soutien,

En secret, tu m'as tendu la main

Au filme de la générosité,

Ta caméra a humilié ma dignité

Condamné par l'apparence

Fais-moi ressentir

Ce qui fait hérisser les poils

Fais-moi tressaillir

Des frissons sous la belle étoile

Fais-moi subir

Les vibrations de mon être qui ne peut contenir l'extase

Que le débordant délire

Me fasse entrer dans une autre phase

Fais-moi perdre la connaissance

Par ta mielleuse compétence

Fais-moi oublier le présent

Et me faire voyager dans le temps

Incite-moi à faire couler mon ancre

Comme le poète-émotionnel qui s'acharne sur les feuilles vierges

Que tout sache : c'est toi ma belle et tendre

Oui toi ma chère, ouvre-moi ton siège

Cet épanchement suscite déjà chez les esprits tordus des suspicions

Pourtant, c'est à la poésie que j'adresse mes tendres mots

Ne me condamnez pas à première lecture, je m'amuse avec l'inspiration

Voyez comment, par l'apparence, vous condamnez un innocent cadeau

Me connaître

Assez de me mentir à moi même

Qui suis-je ?

Une vraie personne de moi ou une fausse ?

Le milieu des deux n'est pas moi

Je veux me connaître

Je veux me connaître

Oui me connaître

Pas par l'avis des autres

Pas par leurs sourires ni par leurs haine

Je veux me connaître par moi même

Je veux connaître la personne que je suis

Facebook m'a menti

Instagram m'a menti

WhatsApp m'a menti

Tiktok m'a menti

Twitter m'a menti

Qui me dira la vérité ?

Même mon miroir m'a menti

Le voile de mes faussetés me voile

Qui je suis ?

Le mensonge de mes vérités me trompe

Qui suis-je en réalité ?

Je suis à la recherche de ce que je suis

Pourtant je suis là

Quand vais-je me trouver ?

Jeux dans les bureaux

Il est venu au travail se reposer

Ne le dérangez pas, paisibles usagers

Passez à la salle d'attente, patientez

Le chef est occupé par sa série qui passe à la télé

Après les feuilletons, le voilà sur son activité préférée

Les jeux sur l'ordinateur, le patron est très occupé

Permettez qu'il termine son jeu, il vous fera entrer

En entendant, mettez au froid votre besoin, patientez

Trois heures de distraction, à 10h le chef est épuisé

Le voilà en direction d'un maquis pour prendre une bière glacée

Le travail fatigue, il faudrait bien récupérer

Ainsi, notre beau pays sera développé

Dignité politique

(À Mbairo Bienvenu)

Qu'est-ce que la faim connait sur la dignité ?

En tout cas, le ventre n'est rien pour s'y opposer

Quand les intestins se sentent crispés

La langue lèche les bottes pour manger

L'opposant devient un sympathisant

Au nom de l'unité nationale, le beau chant !

À qui se fier, lorsqu'on sait déjà

Qu'à la fin on aura le saint baisée de Juda.

Attention aux cardiaques, les faibles d'AVC

Cette émotion est électrique, soyez en rassurés

Quand vos organes formatés entreront en convulsion

Là, les regrets de trahisons s'étaleront après la déception

Qui ne choisit rien, choisit le néant

Est-ce la raison pour ne pas choisir un camp ?

En tout cas, tout n'est que question de conviction

L'éducation à louer

Le savoir est une arme puissante

Qui fait fléchir les genoux

Qui l'a, domine les autres

Dicte ses caprices à ceux qui en ont le moins.

Les hommes, les pays, les continents se battent pour tenir le Cap

Qu'arrive donc aux miens qui ne se contentent que du peu ?

Pourtant les moyens ne font pas défaut

Pour armer les cerveaux de l'arme la plus sophistiquée

Les enfants sont d'ailleurs disposés à être des excellents soldats

Mais nos temples du savoir font d'eux des moins armés

On les apprend à monter des moteurs mais pas à en fabriquer

On les apprend à installer les ampoules mais pas à en faire

On les apprend à croire aux statistiques faites par les autres

Pas à les élaborer par eux même

On les apprend à citer les grands penseurs

Mais pas à en devenir un

Quel rocambolesque système éducatif !

Loué soit-il

Qu'il soit jamais à dans nos pancréas

Ne cherche pas à le comprendre...

Que la tête ne cherche pas à comprendre les cœurs

Les cœurs eux même ne se comprennent pas d'ailleurs

Tantôt ils suivent l'éclair du coup de foudre

Mais de fois ce foudre fend leurs cœurs difficiles à coudre

Ils voyagent dans un espace sans coordonnées

Où à tout moment ils se perdent de chemin

Tantôt, ils atteignent la forêt

Tantôt ils traversent le désert

Ils chavirent dans la profonde mer

Les chanceux remontent à la surface grâce aux secours des sous-marins

Mais autres cœurs les attendent pour un autre pétrin

Les cœurs se comprennent moins

Bonne chance à la tête qui prétend les apporter le soin

Les douces

La patate est moins douce

Par rapport à l'eau douce

Qui est moins douce

À l'agneau qui est moins doux

Au goût du miel moins doux

Qu'un palmier doux

Au goût de son vin moins doux

Qu'une pieuse douce

Aux caractères très doux

Avec douceur envers

Son belliqueux chef religieux

Qu'avec ses doux parents

Ou son doux mari

Vivent les doudous !

Mélodies de la paix

Rien ne vaut la paix

La paix est plus que de l'or

L'humanité est-elle prête à porter ce surfaix ?

En tout cas, il faut protéger ce trésor

Les hommes en sont conscients

Cette paix n'a pas de prix

Beaucoup en sont inconscients

Ils la chantent à tout prix

Ils la chantent au son des belles mélodies des canons

Plus retentissants que la flûte des dialogues

Ils la chantent au son des technologies, des fanfares et des violons

Plus pacifiques que l'Armageddon

Les villes sont assiégées

Les forêts sont incendiées

Les frères se décapitent comme des malades

Et la paix danse au rythme du sang qui saccade.

Drôle de rencontre

Il a croisé une belle face
La face lui a souri
Il a souri à la face
Il a tressailli.

Il a utilisé les mots
Les mots ont porté des fruits
Il a reçu son cadeau
Son cœur s'est réjoui.

Il a dégusté le succulent
Le succulent est épuisant
Son corps revendique la sieste
La réponse est manifeste

Le sommeil a emporté son esprit
Loin du monde physique, loin des bruits
La face en a profité pour dépouiller
Son coffre-fort bien bagagé

La face s'est volatilisée à travers les murs
De la chambre vidée et piégée
Les sirènes ont dépêché leur armure
Fin de délectation, il s'est réveillé menottée

Drôle de rencontre !

Balance de cœur

-Recharge mon compte

Mon envie de se connecter à un réseau monte.

- La recharge est chère

Elle vaut le prix aux enchères

-Compose simplement le numéro

J'ai des billets de dernier chiffre, j'ai de do.

-Waouh ! Voilà un bon client

Sur qui je peux soustraire de l'argent.

Rien à tarder

C'est fait, le transfert t'est effectué.

- Bien reçu, mais j'ai encore une petite demande

Que seule toi en a la télécommande :

Comment souscrire au forfait de ton cœur

Du fait que je n'ai pas le code de ton bonheur ?

-Tape, * shopping, restaurant, compte à banque#

Le code n'est pas compliqué tant que l'argent n'en manque.

-Bien noté !

C'est un petit détail que je peux gérer.

- oh tu es muuha !

C'est toi le vrai gars.

- calmes toi ! Je suis à la mode

Dis-moi.... J'ai déjà tapé le code.

- Oui c'est confirmé, j'ai reçu le message

Tu as ton forfait, Fais en pleinement usage !

- waouh bébé tu as de la vrai méga bite

Je vais me régaler de manière avide.

Mince chérie !

- Oui dis-moi qui y a-t-il ?

- J'ai oublié de fermer mes données, le forfait est parti

- putain ! Tu es sans argent, je te quitte, ne me retient pas

- tant pis ! Casse-toi

J'ai eu ce que je voulais, vas avec mon VIH SIDA.

Fifty fifty

Une vie, une tendance

Un mode, une ambiance

Un échange, une validation

Une règle, une équation

Un naïf, un dépouillement

Une doyenne, un ricanement

Un vacciné, un comportement

Chez Bacchus, un calcul

Une dépense, une attente

Un rendez-vous, une tente

Une expression, une accommodation

Au doux, le doudou

Un donner, un recevoir

Le style, un fifty fifty

Perroquet de l'épopée

Épopée en Aurore,

D'accord !

Loquace perroquet

Ferme ta putaine de gueule

Applique-toi à son décor

La barbe

Elle est séduisante

Elle est belle

Elle est accablante

Elle est rebelle

Elle caresse

Elle gratte

Elle décompresse

Elle blablate

Elle est rugueuse

Elle est lisse

Elle tremble devant une tondeuse

Elle tape des crises

Ce bouquet du menton est beau

Il stocke la bave

Rend le propre, lave

Ce putain de pinceau.

Funérailles plutôt que les soins

Le chant du coq à 4 heures du matin

Ne fait pas lever un paresseux malin

Les appels à la prière par le muezzin

Ne fait pas hâter les pas d'un croyant asin

Durs sont les oreilles d'un voisin

Ignorant les gémissements près de son coin

Coïrasses sont les oreilles d'un cousin

Fermant les yeux sur un parent dans le besoin.

Si le marigot n'épargne de la brûlure l'arsin

Une âme mourante interpelle moins un bon samaritain

Les grincements de dent sont pris au turlupin

Et à la fin une vie s'évapore faute de soin.

La maladie suscite moins d'aide que la mort

Les poches et prières se mobilisent peu pour sauver un corps

Une âme n'étant pas encore prête pour l'au-delà plaide pour les soins

Mais un proche lui répond

D'un paisible ton

Si nous gaspillons tout l'argent sur toi de manière vaine

Combien restera-t-il pour organiser tes funérailles prochaines ?

Panafricanistes occidentalisés

Je n'aime pas porter mon pagne,
Le Dan fani est trop vieux pour mon corps
L'habit avec lequel ma forme sera d'accord
Est celui qui vient de l'Italie, de RU..., loin de ma campagne.

Manger en groupe avec les doigts est dépassé
Je préfère me servir à seul dans mon assiette avec les fourchettes
Je ne suis pas n'importe qui, je suis civilisé
J'ai évolué, d'ailleurs j'utilise maintenant les baguettes.

Je ne pars pas dans mon village
Ils sont tous des sorciers, ces soient disant sages
Pour ne pas me faire manger
Mes vacances, je préfère les passer maintenant à l'étranger.

Je suis un intellectuel, dans ma cour tous doivent parler le français
Les enfants, parents, visiteurs et moi même
Le Sara, bamiléké, Olof, Bambara, etc… N'y ont pas accès
La langue maternelle, est-elle devenue un anathème ?

Je suis un richard, tout le monde le sait
Mais ne compte pas sur moi mon pauvre pays
Créer d'emploi pour tes chômeur, je ne suis pas prêt
Je préfère investir ailleurs qu'ici

Je suis un opposant qui a su capter votre espérance

Je vous ai promis le paradis à tout prix

Maintenant que je suis au pouvoir, un peu de patience

Permettez que je mange à ma faim et remplir ma poche chers amis

Le pouvoir est doux, je compte y rester pour longtemps

Laissez-moi être en bon terme avec la métropole

Que celui qui boude devienne opposant

En attendant, à moi le monopole

Tels sont les propos et gestes d'un africain

Qui pourtant se dit panafricain.

Il est encore là !

(À ma chère Grâce Toïdebaye)

Ne remuez pas ciel et terre pour le comprendre
Il a ses raisons que l'effort humain ne peut cerner
Ses réactions vont peut-être vous surprendre
Soyez tranquille, ne cherchez pas à trop méditer

Il est minuscule comme le grain de sénevé
Petite est sa semence mais grande est son arbre
Lorsqu'il tombe dans un cœur où il est semé
Ses feuilles bourdonnent comme ceux de l'arbre palabre

Il plane parmi les physiques au-delà du physique
Son nuage visible est au-dessus du monde érotique
Il est simple à percevoir si sa foudre vous touche
Observez-le, découvrez ses couches.

Observez-le à travers la fenêtre des entrailles
Longtemps privée de sa capacité de concevoir
Mais qui, enfin les mamelles reçoivent la médaille
D'allaiter sa bénédiction et le dorloter dans son couchoir.
Il est là dans le cœur d'une mère qui chuchote son bébé.

Il est là

Là dans les yeux d'une mère qui accueille ses enfants
Là dans les efforts d'un père qui veut rendre sa famille heureuse
Là dans la main d'un grand-père qui bénie ses petits enfants
Là dans le geste d'un couple qui adopte un enfant de la rue pernicieuse.

Ressentez-le
Dans la nostalgie des amours qui se séparent pour un voyage
Dans la peine d'un enseignant qui dit au revoir à ses élèves les vacances
Il fait monter l'adrénaline, il branche le diaphragme à une haute charge
Les faibles à supporter ses chocs se retrouvent souvent dans les ambulances.

Voyez-le à travers
L'instituteur qui paie la pension scolaire de son élève renvoyé de salle
Un militaire blessé qui se bat pour défendre sa patrie
Un médecin qui se prive de sommeil pour sauver une vie
Un pauvre qui partage le peu de son pain avec son prochain
Un religieux qui pleure pour les péchés de ses fidèles soirs et matins.

Visualisez-le à travers
Un fermier qui se balade dans son champ en contemplant ses plantations
Un éleveur qui refuse d'égorger son bélier pour manger celui acheté au marché
Les fans qui restent sous la pluie supporter leur équipe du football

Il est encore là
Il se manifeste dans les petits gestes
Il donne sens à notre vie

Mettez-vous dans sa bonne veste

Ressentez-le, vivez-le, partagez-le

L’amour.

Table de matière

LES SATIRES EN DÉLIRE 1
DÉDICACE 2
PRÉFACE 3
Qui pour chercher à savoir ? 5
Confidence entre perroquets 6
Tonton 8
Les voleurs de la République 9
Slap, un style à la mode ? 10
Secret du respect 11
La folie des mots 12
Leurre de l'aigle à la poule 15
Mission d'observateur 16
Réponse aux harponneurs ! 18
Camera d'humiliation 19
Condamné par l'apparence 20
Me connaître 22
Jeux dans les bureaux 24
Dignité politique 25
L'éducation à louer 26
Ne cherche pas à le comprendre 27
Les douces 28
Mélodies de la paix 29
Drôle de rencontre 30
Balance de cœur 32
Fifty fifty 34
Perroquet de l'épopée 35
La barbe 36
Funérailles plutôt que les soins 37
Panafricanistes occidentalisés 38
Il est encore là ! 40

Printed by Books on Demand GmbH, Norderstedt / Germany

Mark Sarg

Der Papst als Rollmops

Mark Sarg

Der Papst als Rollmops

Bizarre Kurzgeschichten

Goldene Rakete Verlag für Belletristik

Imprint

Cover image: www.ingimage.com

Publisher:
Goldene Rakete Verlag für Belletristik
is a trademark of
International Book Market Service Ltd., member of OmniScriptum Publishing Group
17 Meldrum Street, Beau Bassin 71504, Mauritius

Printed at: see last page
ISBN: 978-620-2-44559-7

INHALTSVERZEICHNIS

DAS DÄMONISCHE GRINSEN 3

DES TEUFELS LIEBLINGSBUCH ODER

DER PAPST ALS LESEZEICHEN 4

DAS SCHWINDSÜCHTIGE GESCHÖPF 5

DAS SCHWEIGSAME GESCHÖPF 6

„ENTFALTEN SIE SICH!“ 7

„ENTFALTEN SIE SICH NICHT!“ 8

„ENTFALTEN SIE MICH!“ 9

„ENTFALTEN SIE MICH NICHT!“ 10

DIE BEFREIUNG VON DER WOLLUST 11

DAS VERSCHWENDERISCHE GESCHÖPF 12

DAS MITTEILSAME GESCHÖPF 13

DAS FRAGWÜRDIGE GESCHÖPF 14

„BENEHMEN SIE SICH!“ 15

„BENEHMEN SIE SICH NICHT WIE EIN WICHT!“ 16

DER JUNGE TEUFEL 17

DAS GOLDOPFER 18

DER PAPST ALS REGENSCHIRM 19

DIE NETTE BOHNE 20

DAS HANDFESTE GESCHÖPF 21

DAS VERSTEIGERTE GESCHÖPF 22

DIE SILBERHOCHZEIT 23
DAS ACHTSAME GESCHÖPF 24
DAS UNACHTSAME GESCHÖPF 25
DIE GNÄDIGE JUNGFRAU 26
DIE UNGNÄDIGE JUNGFRAU 27
DAS VERERBTE GESCHÖPF 28
DAS ENTERBTE GESCHÖPF 29
„GEISSELN SIE SICH!“ 30
„GEISSELN SIE SICH NICHT!“ 31
„GEISSELN SIE MICH!“ 32
„GEISSELN SIE MICH NICHT!“ 33
DAS VERDERBLICHE GESCHÖPF 34
DAS UNVERDERBLICHE GESCHÖPF 35
DER PAPST ALS SACHERWÜRSTEL 36
DER PAPST ALS ROLLMOPS ODER
GÖTTLICHER HUMOR 37
DER PAPST ALS SCHMAUCHSPUR 38
DIE SELBSTVERSTEINERUNG 39
DAS FREIWILLIGE GESCHÖPF 40
DAS UNFREIWILLIGE GESCHÖPF 41
DER PAPST ALS PAPPENSTIEL 42
DER PAPST ALS MUNDHARMONIKA 43
DER PAPST ALS SCHLUMMERTRUNK 44

DAS DÄMONISCHE GRINSEN

Das Grinsen von Pater Rabinowitsch Hinterfotz war so dämonisch, dass es die Gläubigen für tieffromme ***Andacht*** hielten und ihm „schwanzwedelnd" in den Beichtstuhl nachliefen – aus dem es dann freilich kein Entrinnen mehr gab …

DES TEUFELS LIEBLINGSBUCH ODER

DER PAPST ALS LESEZEICHEN

Sooft der Teufel nachts seine Lieblingslektüre, die Bibel, andächtig zur Hand nimmt, dient ihm sein nunmehriger Stammgast Papst Schleifsack III. überaus willfährig als kompetentes „Lesezeichen“.

Er bezieht einfach Platz auf den anregendsten Seiten, gibt fachkundige Erläuterungen und enthüllt dem gierig lauschenden Dienstherrn allerlei Anekdoten und pikante Details aus seiner heiligen Praxis.

So haben dann beide bis zum Morgengrauen ein wahrhaft ***höllisches*** Vergnügen!

DAS SCHWINDSÜCHTIGE GESCHÖPF

Ein schwindsüchtiges Geschöpf ließ sich zum Papste weihen – denn nur so vermeinte es, den Fängen Satans ein für alle Male zu entschwinden.

Wie können einem bloß ***derart*** die Sinne schwinden!

DAS SCHWEIGSAME GESCHÖPF

In Groll und Überdruss verabschiedete sich ein schweigsames Geschöpf von der Menschheit und siedelte ins Tierreich um.

Dort erwachte es dann sehr rasch wieder zu Jux und Tollerei – und seine vormalige Redseligkeit erblühte dazu im Nu!

„ENTFALTEN SIE SICH!“

„Entfalten Sie sich nur!“, ermunterte unermüdlich Lebenstrainer Bastianus Neunflieder den reichlich verkrusteten Hofrat Melchior Germteig – bis dieser ihm endlich nachgab.

Er entwickelte sich zu einem prachtvollen bunten Tagfalter – der noch heute aufgespießt in der Insektenabteilung des Naturkundlichen Museums zu bewundern ist!

„ENTFALTEN SIE SICH NICHT!“

„Entfalten Sie sich nicht, denn solches wird hier gar nicht gern gesehen!“, warnte ein Küster den jungen Lord Wexford Knallgott, der sich an einem heißen Sommertage in der kühlen Kathedrale von Mumpitz seiner Gewänder zu entledigen gedachte.

Er tat es dennoch – was aber auf Grund seines adretten Äußeren von allen Anwesenden sehr ***gerne*** gesehen wurde.

Doch statt dies zuzugeben – leitete man eilends seine Exkommunikation ein.

„ENTFALTEN SIE MICH!“

„Entfalten Sie mich doch!“ Kokett stellte sich Sir Madison Sintflut Lady Blasinia Schwanstein in den Weg, während er einladend seinen Mantel öffnete. „Sie ***können*** mich mal!“, brummte sie indes nur.

Nachdem exakt dieses sein ***eigentliches*** Begehren war, folgte er der Einladung sogleich hochzufrieden.

„ENTFALTEN SIE MICH NICHT!“

„Entfalten Sie mich nicht, denn das erschiene mir denn doch ein wenig zügellos!“, verbat sich die gottesfürchtige Contessa Cornelia Flachzweig jeden derartigen Versuch ihres Gatten Rinaldo.

Und sie ***starb*** auch noch mit gefalteten Händen.

DIE BEFREIUNG VON DER WOLLUST

Die erzkatholische Mrs. Cordula Brownhirn schlug sich so lange energisch und unter Flüchen auf die Schenkel, bis sie weder diese noch ihre Hände mehr gebrauchen konnte.

Dann gab sie in der seligen Hoffnung den Geist auf, von jeglicher Wollust ein für alle Mal befreit zu sein!

DAS VERSCHWENDERISCHE GESCHÖPF

Ein Geschöpf war so verschwenderisch, dass es sich sogar ***selbst*** verschwendete:

Es ließ sich herab auf die Erde!

DAS MITTEILSAME GESCHÖPF

Ein mitteilsames Geschöpf verplapperte sich ständig, sodass man es nie so richtig ernst nahm oder verstand.

Verdrossen wechselte es schließlich zu den Menschen über – und hier bejubelte man es gleich als wissenschaftliche Kapazität von allerhöchstem Rang!

DAS FRAGWÜRDIGE GESCHÖPF

Ein fragwürdiges Geschöpf ließ sich zum Präsidenten der Republik ausrufen – und meinte glatt, es wäre damit nur noch ***würdig***!

„BENEHMEN SIE SICH!“

„Benehmen Sie sich, Durchlaucht, ***bitte*** – sonst holt Sie gar noch der Gevatter Tod!“, mahnte flehentlich mangels anderer Disziplinierungsmittel die bedauernswerte Gouvernante Fräulein Gloggina Knallhaupt den jungen Prinzen Torpedinio.

„Der holt mich doch sowieso irgendwann!“, dachte dieser, scheinbar pfiffig wie er war, und benahm sich daher munter und gründlich weiter daneben.

Als aber die Zeit dann wirklich reif war, wurde ihm drüben eine überaus ***saftige*** Rechnung präsentiert …

„BENEHMEN SIE SICH NICHT WIE EIN WICHT!“

„Benehmen Sie sich nicht wie ein Wicht!“ Die freundschaftliche Warnung seines engsten Vertrauten, des Teufels, vor zu viel Demut ließ sich Papst Nebelkropf der Große natürlich nicht zweimal sagen – und gebärdete sich forthin nur mehr so, wie er glaubte, dass ***Gott*** dies täte.

Was dann natürlich genau der Absicht seines Ratgebers entsprach …

DER JUNGE TEUFEL

Ein junger Teufel traf einen alten. Die beiden verstanden sich ***prächtig*** auf Anhieb – und wurden eins.

Seither ist der Teufel alterslos.

DAS GOLDOPFER

Der frisch geadelte Sir Dandy Streithahn trat vorzeitig in den Ruhestand, ließ sich vergolden und hängte sich dann im Altarraum des Doms zu Krautgurk auf.

Und wartet bis heute darauf, dass die Welt ein wenig besser wird deswegen.

DER PAPST ALS REGENSCHIRM

Drei Mal darf man raten, ***wessen*** Luzifer sich stets als Schutz bediente, wenn er bei strömendem Regen zum feierlichen Sonntagshochamt schritt.

Und drei Gründe waren es vornehmlich auch, die Seine Heiligkeit, Papst Rebensack völlig widerspruchslos und willfährig gehorchen ließen: Zum einen konnte er sich so natürlich ganz vorzüglich in Demut üben. Zum anderen ersparte er sich das lästige ***Bad*** unter den neugierigen Blicken im Vatikan.

Aber drittens und vor allem ***liebte*** und ***genoss*** er einfach die Nähe seines „Widersachers"!

DIE NETTE BOHNE

„Was für eine wirklich ***nette*** Bohne!
Gut, dass ich gleich neben ihr wohne!“

Und entzückt mengte Monsieur Spagat
die neue Nachbarin in seinen Salat.

DAS HANDFESTE GESCHÖPF

Ein handfestes Geschöpf fiel von der Brücke und ertrank.

Denn leider war es zwar auch durchaus trinkfest – mitnichten aber ***wasser***fest gewesen.

DAS VERSTEIGERTE GESCHÖPF

Ein ersteigertes Geschöpf blieb dennoch herrenlos zurück – weil sein stolzer Erwerber, Vicomte Gérard Himmelkind, aus lauter Gram und Reue über seinen Kauf schon bald darauf den Freitod wählte.

DIE SILBERHOCHZEIT

Unter reger Anteilnahme der katholischen Bevölkerung heiratete die versilberte Contessa Galina Gallrüssel eine Kirchenglocke.

Denn wozu ***sonst*** auch lässt man sich wohl versilbern!

DAS ACHTSAME GESCHÖPF

Um seinen makellosen Ruf nur ja nicht zu gefährden, verzichtete ein achtsames Geschöpf lieber dankend auf eine Menschwerdung.

Wenn es doch bloß ***mehr*** von dieser Sorte gäbe …

DAS UNACHTSAME GESCHÖPF

Beim Herumtollen in den Wolken fiel ein unachtsames Geschöpf hinab auf die Erde.

Doch anstatt aus seinem Leichtsinne zu lernen, ließ es sich hier sogleich als „Sendbote des Himmels“ zelebrieren – bis der auf seine Alleinherrschaft mit größter ***Achtsamkeit*** bedachte Papst Rübenkraut II. es kurzerhand verbrannte.

Seither spaziert es nun ein wenig gereifter und gemächlicher durch die Wolken.

DIE GNÄDIGE JUNGFRAU

Eine Jungfrau, die ganz und gar nicht Maria hieß,
verzieh der Welt gnädig, als sie diese verließ,
dass sie bis zuletzt eine solche ***geblieben*** war –
obwohl sie dies ***nie anstrebte***, mit keinem ***Haar***!

DIE UNGNÄDIGE JUNGFRAU

„Küss die Hand, gnädige ***Jung***frau!“, begrüßte wohlgelaunt Lord Fridolin Himbeerknödel die überreife Lady Samantha Reißstrumpf vor dem Sonntagshochamt.

Weil sie aber wirklich noch Jungfrau war und keineswegs wollte, dass man ihr dies anmerkt, knallte sie ihm höchst ungnädig eine.

Und da sich das Ganze im Beisein von Bischof Aloisius Hintertürl abspielte, ***exkommunizierte*** ihn dieser obendrein im Namen des Papstes wegen „Marienlästerung“.

So seltsam sind eben die Sitten auf Erden.

DAS VERERBTE GESCHÖPF

Ein vererbtes Geschöpf rächte sich für seine Lage bitterlich – indem es seine eigenen Nachkommen ***ent***erbte!

DAS ENTERBTE GESCHÖPF

Ein enterbtes Geschöpf streckte trotzig jedem auf der Straße sein Hinterteil entgegen.

Oder hoffte es vielleicht gar, auf diese Weise am ***raschesten*** wieder zu einem Erbe zu gelangen?

„GEISSELN SIE SICH!“

„Geißeln Sie sich nur ordentlich, desto früher gelangen Sie zu Gott!“, spornte der sadistische Prälat Fedorowitsch Stahlmuck den masochistischen Justizrat Germhirn Samtbauch regelmäßig im Beichtstuhl an.

Dort allerdings, wo er dann wirklich hingelangte, traf er statt Gott – seinen frommen Ratgeber wieder.

„GEISSELN SIE SICH NICHT!“

„Geißeln Sie sich nicht länger, meine Teuerste!“

Tief bewegt dankte Oberstudienrätin Glutine Puppenfratz ihrem Arzte Jeremias Leberfleck für seine trostreiche Ermunterung – und setzte ihrem Leben noch am selben Tage ein Ende.

„GEISSELN SIE MICH!“

„Geißeln Sie mich, denn ich habe es weiß Gott verdient!“, bettelte Graf Kicherlein Salzgurk auf allen vieren zu seiner strengen Gemahlin Basine.

Weil er es aber an jenem Tage ***wirklich*** verdient hatte, ignorierte sie zur Strafe sein Begehren und zog sich alleine in ihre Gemächer zurück.

„GEISSELN SIE MICH NICHT!“

„Geißeln Sie mich nicht, wir sind ***nicht*** miteinander verheiratet!“

Rasch ehelichte daraufhin Generaldirektor Ashton Pulverfass seine Sekretärin Luise Wanderpass – damit sie einander endlich nach ***Herzenslust*** geißeln konnten.

DAS VERDERBLICHE GESCHÖPF

Ein Geschöpf dachte mit frohem Sinn:
„Wenn ich schon mal verderblich bin,
dann koste ich dies gründlich vorher aus!“
Und es ***genoss*** sein Leben als Kirchenlaus.

DAS UNVERDERBLICHE GESCHÖPF

Ein unverderbliches Geschöpf ließ sich feierlich zum Papste küren.

Worauf ein Wunder geschah – und es in Windeseile zu verderben begann!

DER PAPST ALS SACHERWÜRSTEL

In göttlicher Bescheidenheit fühlte sich Papst Tafelsilber der Glänzende in seinen raren lichten Momenten als durchaus einfaches, armes Würstchen.

Das allerdings unbescheidenerweise davon träumte, ein ***Sacher***würstel zu werden!

DER PAPST ALS ROLLMOPS ODER GÖTTLICHER HUMOR

Um zu bekunden, mit welch einzigartigem, ***göttlichem*** Humor er doch begnadet sei, verwandelte sich Papst Zimtkropf der Ulkige an der festlichen Ostertafel vor erlauchter geistlicher Runde in einen heiligen Rollmops – der sich dann just dem intriganten Erzbischof Gfrettino Gfrastl unter pflichtschuldigem allgemeinem Gekicher zum genießerischen Verzehr antrug.

Vielleicht wäre dem Heiligen Vater sein Beweis ja tatsächlich geglückt – aber da er sein Opfer nicht wieder verließ und ihm bis zum bitteren Ende ganz ***gehörig*** auf den Magen drückte, muss man wohl eher von ***teuflischem*** „Humor“ sprechen ...

DER PAPST ALS SCHMAUCHSPUR

Er sei im Grunde nichts weiter als eine ***Schmauchspur*** gewesen – zwangsläufig entstanden bei der Verbreitung des Unheils in der Welt durch Luzifer unter tatkräftiger Beteiligung der Kirche, bekannte Papst Lavinius der Große etwas kleinlaut und zermürbt seinem engsten Vertrauten, Kardinal Umberto Bisquitto, auf dem Sterbebett.

Nun – hoffentlich sah man dies drüben ebenso …

DIE SELBSTVERSTEINERUNG

Mit Unmut merkte Hofrat Wacholder Kümmelhaar,
dass seine Miene einigermaßen versteinert war.

Da er Halbheiten einfach abscheulich fand –
versteinerte er sich ***gänzlich***, ***ohne*** Rückstand!

DAS FREIWILLIGE GESCHÖPF

Ein freiwilliges Geschöpf ließ sich herab auf die Erde – und weilt noch heute ebenda.

Es liegt daher die Vermutung nahe, dass es neben seinem freien Willen über einen doch recht eingeschränkten ***Verstand*** verfügt.

DAS UNFREIWILLIGE GESCHÖPF

Ein unfreiwilliges Geschöpf haderte lange mit Gott und der Welt, was es hier wohl eigentlich solle – bis es sich endlich der Freiwilligen Feuerwehr anschloss.

Um sich beim heiß ersehnten ersten Einsatz mit Wonne den erlösenden Flammen anzuvertrauen.

DER PAPST ALS PAPPENSTIEL

Die Überwindung des ***Papstes*** auf dem Weg ins Herz der Christenheit sei nun wirklich nicht mehr als ein lächerlicher Pappenstiel, brüstet sich Satan bis heute unter heftigem Applaus im Kreise der Vertrauten.

Doch auch von außerhalb wird ihm ***dies***bezüglich wohl kaum jemand ernsthaft widersprechen.

DER PAPST ALS MUNDHARMONIKA

Als seine „geliebte Mundharmonika“ pries Luzifer stets Papst Amtshirn IV. – weil er so besonders virtuos auf ihm zu spielen vermochte.

Doch weshalb gerade ***jenes*** Instrument?

Weil er eben – speziell beim Betgesang – immer so schön ***blechern*** klang!

DER PAPST ALS SCHLUMMERTRUNK

Bis heute höchst beliebt unter Christen ist die imaginäre Einnahme Seiner Heiligkeit als ***Schlummertrunk*** – durch intensive Besinnung vor dem Zubettegehen.

Aber erstaunlicherweise ***wundern*** sich die meisten dann immer aufs Neue, wenn sie von überaus heftigen ***Alpträumen*** gepeinigt werden …

Printed by Books on Demand GmbH, Norderstedt / Germany